AF381035

Coaching Pro

LES CLÉS DU NETWORKING

Techniques et astuces pour devenir un as du networking

Par Elise Evrard

50MINUTES.fr

LES CLÉS DU NETWORKING

- **Problématique ?** Comment tirer parti de ses relations pour élargir son réseau et atteindre ses objectifs au niveau professionnel ?
- **Utilité ?** Dans de nombreuses situations professionnelles, un réseau étendu et diversifié est un atout irremplaçable pour gagner en visibilité, obtenir des informations ou des conseils, développer de nouvelles idées, etc.
- **Contexte professionnel ?** Recherche d'emploi, prospection clients, organisation d'événements, évolution de carrière, etc.
- **FAQ ?**
  - Travailler son réseau ne revient-il pas à « utiliser » les gens qui m'entourent ?
  - Où et quand faire du networking ?
  - Que faire si je suis timide ?
  - Comment se créer un réseau de relations quand on manque de temps ?
  - Comment intéresser les autres quand on n'a pas beaucoup de conversation ?

- <u>Je ne sais jamais comment aborder les gens. Comment faire ?</u>

> « Les gens les plus riches au monde recherchent et bâtissent des réseaux. Tous les autres recherchent un emploi. »
> Robert T. Kiyosaki

On a tous déjà entendu l'histoire d'un ami qui avait trouvé un travail grâce à un ami d'ami : Pierre qui rencontre son futur employeur grâce au jardinier de son oncle ; Sophie qui parle de son projet artistique à son professeur de pilates, qui en parle à sa femme qui elle-même connaît justement le mari d'une collègue qui pourrait l'aider ; ou encore Jean-Jacques qui rencontre celui qui deviendra son meilleur client lors d'une conférence. Peut-être vous dites-vous : « Quelle chance ! »

Et si ces rencontres n'avaient rien à voir avec la chance ?

Pierre, Sophie et Jean-Jacques ont tout simplement su tirer parti d'une relation dans un but professionnel. Or, des relations, nous en avons tous : notre famille, nos amis, nos anciens collègues, nos partenaires de sport, nos voisins, etc.

Et si vous appreniez à travailler votre réseau de relations ? C'est ce qu'on appelle le « networking » ou parfois « réseautage ». Cette méthode consiste à se créer ou à renforcer un réseau de relations sur le long terme pour des échanges de connaissances, de services ou même de passions entre professionnels.

À l'ère du numérique, les relations humaines sont trop souvent négligées. Les valeurs de partage, d'échange et d'entraide sont parfois considérées comme dérisoires dans le monde du travail. Or, elles peuvent apporter bien plus qu'un diplôme ou de l'argent. Vous cherchez le job de vos rêves ? Vous souhaitez gravir des échelons au sein de votre entreprise ? Vous recherchez de nouveaux collaborateurs ou de nouveaux clients ? Vous aspirez à rencontrer des personnes travaillant dans votre secteur d'activité afin d'échanger vos connaissances ? Apprenez l'art du networking et devenez un « networker » en puissance !

B.A.-BA DE L'APPRENTI NETWORKER

LE NETWORKING, C'EST QUOI ?

Le networking, ou réseautage, est le fait d'utiliser son réseau de relations dans le cadre d'échanges entre professionnels. Être un bon networker, c'est avant tout un état d'esprit : il s'agit d'être ouvert à la rencontre et de créer des synergies avec les gens rencontrés. Vous pourrez ensuite tirer parti de ce réseau de relations pour atteindre vos objectifs professionnels.

Saviez-vous que la majorité des offres d'emploi sont d'abord relayées par les réseaux avant même d'être publiées ? Aujourd'hui, si l'on veut se démarquer, le networking est un allié incontestable et un puissant outil professionnel qui vous mènera sur la voie du succès, à condition de ne pas l'utiliser n'importe comment.

LES SIX DEGRÉS DE SÉPARATION

Les 6 degrés de séparation

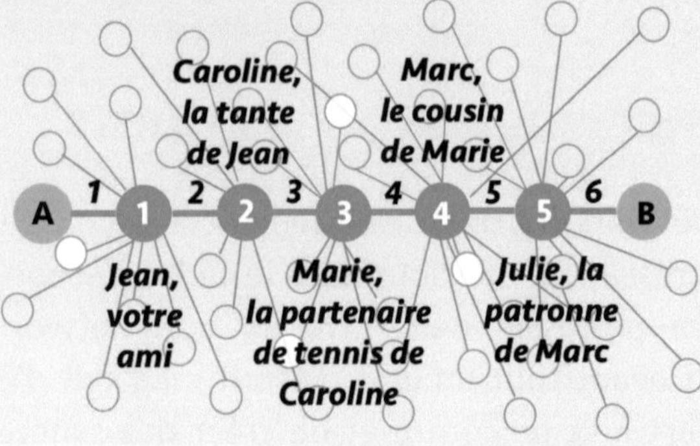

L'émergence des réseaux sociaux n'est pas due à Facebook ou à LinkedIn. Ce type de réseau est en effet analysé depuis 1929, année durant laquelle Frigyes Karinthy, un écrivain hongrois, a présenté sa théorie des six degrés de séparation.

Vous êtes-vous déjà exclamé « Que le monde est petit ! » en réalisant que le compatriote rencontré à l'autre bout du monde connaissait, tout comme vous, telle ou telle autre personne ? C'est à partir de cette idée que s'articule la théorie de Frigyes Karinthy qui précise que n'importe qui, à n'importe quel endroit de la planète, peut contacter n'importe quelle autre personne par l'intermédiaire de cinq individus, l'un d'entre eux étant une connaissance personnelle directe.

Le monde est petit ; c'est une réalité. Un bon réseau devrait donc vous permettre d'atteindre la personne que vous souhaitez rencontrer, quelle qu'elle soit ! Et il existe aujourd'hui des outils qui font ce travail pour vous : Viadeo et LinkedIn affichent en quelques clics les relations intermédiaires qui vous mèneront à la personne que vous souhaitez atteindre.

« J'ai trouvé mon premier boulot grâce au réseautage. Je sortais tout juste de mes études à l'IHECS, et mon entourage me connaissait des occupations de graphiste sur le côté. Le copain d'une amie – qui avait aussi fait l'IHECS – travaillait dans une start-up technologique qui recherchait un profil comme le mien. Il me l'a donc proposé et je me suis aussitôt présenté dans leurs bureaux. Une fois sur place, j'ai croisé une autre connaissance, une ancienne de l'IHECS également. Sur une vingtaine de personnes employées par la société, j'en connaissais donc déjà deux qui pouvaient me recommander auprès de leur patron après mon interview. Preuve en est, le lendemain à 9 heures, j'avais le job. » Thomas, Product Designer & graphiste.

« Le networking est la base de toute évolution vers un rôle senior. C'est entre autres le networking qui m'a permis de passer de junior à vice-président en 10 ans. [...] J'ai pu rencontrer personnellement les dirigeants les plus seniors de l'entreprise au niveau mondial. Cela n'a été possible que par le jeu du networking. » Marc, vice-président d'une institution financière.

COMMENT CRÉER SON RÉSEAU ?

Rencontres IRL (*In Real Life*)

Malgré l'ère du numérique dans laquelle nous vivons, rien de tel que les rencontres réelles pour créer et élargir votre réseau de relations. Et les occasions de faire des rencontres intéressantes ne manquent pas : colloques, conférences, débats, salons, ateliers de formation, événements professionnels ou sociaux, soirées afterwork, espaces de *coworking*, expositions, concours et compétitions, réunions d'anciens élèves, etc. Ciblez vos événements en fonction de votre profil, de vos centres d'intérêt et, surtout, de votre projet.

Lors de ces événements, il est important d'être naturel, mais cela ne signifie pas pour autant que vous ne devez pas vous préparer. C'est ce que nous explique Laure-Anne, Social Editor & Food Expert : « Je laisse faire la spontanéité, mais je présente bien sûr en quelques mots en quoi consiste mon travail, quel est mon portefeuille de clients, etc. »

- Avant l'événement :
  - renseignez-vous sur les personnes qui seront présentes (via LinkedIn par exemple). Vous pouvez même déjà prendre contact avec elles et leur faire savoir que vous seriez ravi de les rencontrer ;
  - partagez l'événement sur les réseaux sociaux pour que les gens sachent que vous y serez ;
  - sur Twitter, suivez le hashtag de l'événement ; faites-le également pendant et après l'événement ;
  - préparez une petite présentation de vous-même en 30 secondes – ce qu'on appelle l'*Elevator Pitch* ;
  - préparez vos cartes de visite.

L'*Elevator Pitch*

Imaginez-vous dans un ascenseur avec le patron de l'entreprise pour laquelle vous rêvez de travailler depuis toujours. Vous devez vous présenter de manière efficace en moins de 30 secondes : c'est ce qu'on appelle l'*Elevator Pitch*.

Lors d'un événement de networking, vous serez amené à vous présenter un nombre incalculable de fois et en très peu de temps. Il sera alors essentiel d'attiser la curiosité de votre interlocuteur afin qu'il n'ait qu'une seule envie, vous demander votre carte de visite. Votre pitch doit être court, surprenant et captivant, tout en indiquant qui vous êtes, ce que vous proposez, quelle est votre valeur ajoutée et comment cela peut profiter à l'autre. En bref :

- soyez clair et concis ;
- faites la différence, soyez original ;
- identifiez votre valeur ajoutée ;
- ne parlez pas trop vite et posez des silences au moment opportun ;
- ne donnez que des informations essentielles ;

- préparez et répétez votre pitch à l'avance pour que tout soit parfait le jour J.

- Pendant l'événement :
  - arrivez tôt. Vous pourrez ainsi discuter avec les organisateurs qui vous présenteront certainement à d'autres participants venus tôt eux aussi ;
  - soyez souriant et toujours positif ;
  - ne cassez jamais du sucre sur le dos de vos patrons ou de vos collègues actuels et anciens ;
  - ne distribuez pas votre carte de visite à la ronde, car la donner à tout le monde revient à ne la donner à personne. Filtrez vos relations et ne présentez votre carte que si on vous la demande ;
  - soyez détendu et amusez-vous. Allez vers les autres et les gens viendront à vous ;
  - écoutez les participants sincèrement et attentivement – par exemple, ne cherchez pas votre prochain interlocuteur des yeux pendant que quelqu'un vous parle ;
  - posez des questions et proposez une éventuelle collaboration au bon moment ;
  - laissez aux autres invités la chance de ren-

contrer d'autres personnes. Essayez de ne pas discuter plus de cinq minutes, laissez la conversation se terminer, remerciez votre interlocuteur et n'oubliez pas de prendre sa carte de visite.

- Après l'événement :
  - réagissez à l'événement sur les réseaux sociaux. Vous nouerez éventuellement des liens avec des personnes qui partagent vos impressions ;
  - tenez vos engagements. Si vous avez parlé d'un article à un participant, envoyez-le-lui par e-mail sans tarder ;
  - afin de ne pas vous faire oublier, envoyez un petit mot à chaque personne rencontrée, liez-vous sur LinkedIn et proposez éventuellement de poursuivre votre conversation autour d'un verre ;
  - si vous avez fixé un rendez-vous pendant l'événement, confirmez-le.

Rencontres virtuelles

Réseauter, c'est partager, et existe-t-il un meilleur outil qu'Internet pour cela ? Le web foisonne de dizaines de sites de réseaux sociaux, tous plus utiles les uns que les autres pour étoffer votre carnet d'adresses. Quel que soit votre profil ou votre projet, il existe un réseau social fait pour vous.

- **LinkedIn** : le réseau social professionnel par excellence ! C'est l'endroit idéal pour nouer des relations professionnelles avec vos anciens collègues, vos camarades d'université ou vos futurs patrons. Afin de vous démarquer des millions d'autres utilisateurs, remplissez complètement votre profil : mettez une photo, détaillez votre parcours et soyez précis dans votre description. Ensuite, ajoutez des personnes à votre réseau en les invitant personnellement ou en demandant à LinkedIn de vous faire des suggestions.

À ÉVITER

- Poster une photo de profil avec votre enfant ou votre groupe d'amis : choisissez plutôt une photo professionnelle sur laquelle vous apparaissez seul.
- Envoyer des invitations par défaut : lorsque vous invitez une personne à rejoindre votre réseau, supprimez le texte

par défaut et rédigez un message d'invitation original et personnalisé.
- Être passif : vos nouvelles relations ne vont pas tomber du ciel, rejoignez des groupes en rapport avec vos centres d'intérêt et soyez actif.
- Minimiser votre expérience : ne pas mentionner vos jobs d'été, vos anciens emplois et vos activités de bénévolat est une erreur. Les recruteurs y accordent plus d'importance que vous ne le pensez.

- **Viadeo** : le premier réseau social professionnel européen, davantage concentré sur l'Europe et les marchés émergents. Rien ne vous empêche d'être inscrit à la fois sur LinkedIn et Viadeo. Au contraire, cela augmentera vos chances de remplir votre carnet d'adresses.
- **Twitter** : vous n'imaginez pas ce qu'une communication en 140 caractères peut apporter à votre carrière ! Suivez les personnes qui vous intéressent et démarquez-vous par votre originalité, à l'instar de Thomas, Product Designer & graphiste :

> « Sur Twitter, je tente de me créer une légitimité en tant que designer et acteur du web. Cela prend du temps (des mois, voire des années) et il est nécessaire de partager du contenu de qualité et de trouver son style de communication. Mais cela finit par payer : des gens qui travaillent dans le même secteur finissent par me suivre ou par échanger avec moi sur des sujets qui nous intéressent. Les échanges sont donc productifs et surtout pertinents. »

- **Facebook** : le leader des réseaux sociaux grand public. Alors que certains préfèrent réserver Facebook à leur vie privée, d'autres utilisent ce réseau à des fins professionnelles, comme Benoît, Webmarketer :

> « Ma page Facebook n'est pas réservée à un cercle fermé d'amis. Je l'ouvre à de nombreuses personnes, dont certaines que je ne connais pas encore. Par des réflexions ou de l'humour, je rentre en contact avec des gens que je rencontre par la suite. Je partage quelques photos, des infos sur ma vie personnelle mais rien de trop intime. Je montre ma personnalité à travers mes posts. »

Par ailleurs, rien ne vous empêche de garder votre compte privé et de créer une page Facebook professionnelle.

- **Google Plus** : le plus grand réseau social du monde après Facebook. Vous pouvez y partager du contenu, créer des cercles de relations à l'intérieur de vos réseaux et créer une page entreprise à partir de votre compte personnel pour vous connecter à d'autres utilisateurs.
- **Pinterest** : la plateforme qui vous permet de créer des tableaux en épinglant vos centres d'intérêt. Vous confectionnez des robes ou imaginez de magnifiques cupcakes ? Ce site essentiellement composé d'un public féminin est fait pour vous ! Épinglez vos plus belles créations et connectez-vous avec des personnes qui partagent les mêmes passions que vous.
- **Instagram** : l'application de partage de photos la plus utilisée au monde. Créez un compte attractif avec un thème bien défini, suivez les comptes de personnes d'influence dans votre secteur d'activité et, surtout, inspirez les autres avec vos propres photos !
- **Flickr** : un site de partage de photos et de vidéos plus particulièrement dédié aux professionnels de l'image. Vous êtes photographe,

peintre, artiste, graphiste ou designer ? Soyez visible sur Flickr et connectez-vous à d'autres passionnés. Et n'oubliez pas d'utiliser les tags pour que vos photos soient bien référencées sur le site.

- **Myspace** : le site web de réseautage incontournable si vous êtes musicien. Votre espace web personnalisé vous permettra de présenter vos compositions musicales au grand public. À ce propos, saviez-vous que les pages Myspace de certains musiciens sont plus fréquentées que leur site officiel ? Lancez-vous et créez votre propre univers musical pour vous démarquer des autres.

ENTRETENIR SON RÉSEAU : POURQUOI ET COMMENT ?

À votre avis, que se passerait-il si vous ne contactiez vos relations que lorsque vous aviez besoin de leur aide ? Cela vous est certainement déjà arrivé de recevoir un coup de téléphone intéressé d'une personne dont vous n'aviez plus entendu parler depuis des années. C'est frustrant et cela ne donne pas forcément envie d'aider l'autre. C'est pourquoi il est important d'entretenir votre réseau par des contacts réguliers et désintéressés. Comment ?

- Suivez l'actualité de vos contacts et félicitez-les lors d'une réussite professionnelle ou lorsqu'ils obtiennent un nouveau travail, par exemple.
- Appelez de temps en temps pour dire bonjour. Rien de tel pour surprendre l'autre et renforcer votre réseau.
- Envoyez vos vœux de fin d'année de manière originale.
- Vous tombez sur un article susceptible d'intéresser l'un de vos contacts ? Envoyez-le-lui !
- Organisez régulièrement des rencontres réelles (repas, réunion, etc.).
- Sur Facebook, « likez » de temps à autre les statuts de vos relations ou commentez-les.
- Souvenez-vous des dates importantes. Votre collègue avait justement une présentation cruciale aujourd'hui ? Demandez-lui comment celle-ci s'est passée. Il sera touché que vous vous en soyez rappelé.
- Rendez service à la première occasion.

LE NETWORKER, UN OPPORTUNISTE ?

Utiliser son réseau de relations pour arriver à ses fins peut paraître opportuniste. Or, il faut garder à l'esprit que le networking fonctionne sur le principe du donnant-donnant. Il ne s'agit pas ici de prendre tout ce que l'on peut prendre, sans jamais rien donner en retour. Comme nous l'explique Damien Colmant, Business Coach, « les trois ingrédients pour une bonne attitude networking sont : donner, demander et remercier. Tout comme une recette de cuisine, oublier l'un de ces ingrédients vous sera probablement fatal. »

Donner, demander et remercier

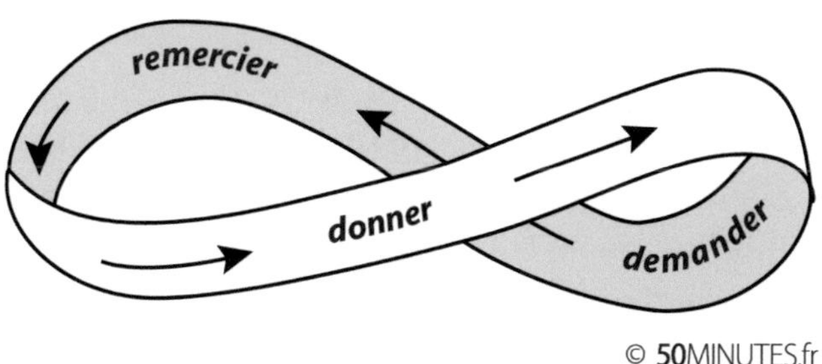

- **Donnez** : en networking, ce sont les personnes les plus actives qui reçoivent le plus. Ne calculez pas ! Offrez votre aide dès que l'occasion se présente. Vous en tirerez tout d'abord la satisfaction d'avoir été utile et récolterez plus en retour.

> « J'ai travaillé pendant 18 mois chez Groupon Belgium. J'y ai rencontré Annelies, une collègue néerlandophone qui est très vite devenue mon binôme au quotidien. J'ai ensuite été engagée chez Havas Media. Lorsqu'il a fallu dénicher un nouveau talent néerlandophone, j'ai présenté Annelies au manager de l'équipe et elle s'est vu proposer un job. Moi-même, je suis également rentrée chez Havas Media via une personne avec qui j'avais fait mes études. » Laure-Anne, Social Editor & Food Expert.

- **Demandez** : ne comptez pas sur les autres pour qu'ils devinent ce que vous attendez d'eux. Exprimez vos demandes de manière claire et respectueuse afin de donner à vos interlocuteurs l'opportunité de vous aider.
- **Remerciez** : un merci ne coûte rien mais vaut de l'or. Vos relations risquent de ne plus avoir envie de vous aider si vous ne les remerciez jamais. Soyez sincère dans vos remerciements

et exprimez clairement ce que vous avez apprécié.

Si le networking peut être un tremplin pour obtenir le job de vos rêves ou pour propulser votre carrière vers des sommets, il ne se résume pas qu'à ça. Réseauter vous permettra aussi de :

- vous faire connaître du plus grand nombre. Les gens retiendront plus facilement qui vous êtes s'ils peuvent associer un visage à votre nom ;
- vous enrichir d'un point de vue personnel ;
- démontrer votre esprit créatif en exposant vos propres idées ;
- en apprendre plus sur les techniques professionnelles de vos pairs ;
- être informé des dernières tendances de votre secteur d'activité ;
- élargir vos perspectives ;
- acquérir de nouvelles idées et de nouveaux savoirs ;
- recevoir de précieuses informations avant les autres ;

- bénéficier de conseils de collègues plus expérimentés ;
- mettre en relation des personnes de votre réseau ;
- connaître l'avis d'autres personnes sur un futur prestataire, par exemple.

TOP CONSEILS

- N'attendez pas les grandes occasions pour enrichir votre réseau. Soyez ouvert aux rencontres au quotidien : à la salle de sport, dans une file d'attente ou lors d'une soirée entre amis. La « networking attitude » d'après Thomas, Product Designer & graphiste, c'est « rester ouvert, s'intéresser aux autres et à ce qu'ils font. Être proactif également, car si vous ne courrez pas après les gens, ils ne courront pas après vous non plus. »
- Lorsqu'un événement se prépare, ne soyez pas le dernier informé. Pour être tenu au courant des prochaines événements, abonnez-vous aux newsletters de votre secteur d'activité, suivez les blogs et les comptes Twitter de personnes influentes, rejoignez des groupes LinkedIn et Viadeo, aimez les pages Facebook de votre ville ou de certaines associations, etc.
- Votre parcours n'est pas classique, voire chaotique ? Tant mieux ! Votre singularité est votre plus bel atout. Mettez-la en avant.

> « J'ai un profil un peu hybride vu que j'ai étudié la publicité et le marketing et que j'ai commencé une carrière de designer digital. J'en profite toujours pour présenter ces deux facettes de mes compétences, et l'une ou l'autre me permet souvent de me connecter avec la personne en face de moi. » Thomas, Product Designer & graphiste.

- Lors d'un événement, soyez naturel et détendu, discutez avec un maximum de personnes et respectez la règle des cinq minutes. Vous êtes là pour multiplier les rencontres ; les autres aussi. Soyez intéressant, mais ne monopolisez pas le temps de vos interlocuteurs. Il sera toujours possible de continuer cette conversation lors d'une prochaine rencontre.
- Racontez des histoires pour que l'on se souvienne de vous : c'est ce qu'on appelle le storytelling.

> « Les membres de votre réseau auxquels vous racontez les réussites de votre entreprise auront plus de capacité à vous recommander, à condition que ces histoires soient vraies, conséquentes et attrayantes [...]. Choisissez une histoire véritablement séduisante, qui ne demande qu'à être partagée et que les membres de votre

réseau éprouveront des difficultés à garder pour eux. » (Misner (Ivan R.) et Donovan (Michelle R.), *Réussir grâce au bouche-à-oreille. 52 stratégies pour un networking performant*, Paris, Dunod, 2012, p. 165)

- Entretenez votre réseau. Il est essentiel de rappeler aux personnes de votre réseau que vous êtes là « et, surtout, échanger énormément via Twitter. Il ne faut pas hésiter à suivre une société que l'on apprécie, à souligner le travail bien fait lorsqu'ils sortent un nouveau produit, à suivre les gens qui travaillent eux-mêmes dans cette société », rappelle Thomas, Product Designer & graphiste.
- Parlez de vos projets autour de vous, même aux personnes qui semblent ne pas être en mesure de vous aider. La vie nous réserve parfois des surprises !

« J'ai trouvé mon job parce qu'une amie Facebook a vu que j'en cherchais un. Elle m'a demandé de lui envoyer mon CV, l'a fait suivre à quelques personnes qu'elle connaissait dans plusieurs agences et, la semaine suivante, je me retrouvais avec 3 offres fermes. » Candice, Business Consultant New Media

- Écoutez !

  > « Les meilleurs networkers sont souvent des gens à l'écoute des autres et non pas de bons orateurs » (MYERS (Ford R.), « Networking – The Core of Your Search », in *Career Hub: Insider's Guide to Networking*, p. 5).

- Soyez ouvert d'esprit et sympathique avec tout le monde ! Le networking, ce n'est pas se faire un nouveau cercle d'amis. Vous pouvez très bien créer une relation de travail forte et sincère avec une personne très différente de vous.

- Donnez sans compter, parce que se sentir utile est valorisant et parce que vous recevrez en retour plus tard. Aider les autres vous permet aussi de réaffirmer constamment votre présence.

  > « Je propose de l'aide quand je sens qu'elle est nécessaire, sans attendre qu'on me demande quelque chose. Et je fais comprendre aux personnes du réseau que l'intérêt est bilatéral. » Marc, vice-président d'une institution financière.

- Osez ! Pour avancer, il faut oser prendre des risques. Sortez de votre zone de confort et allez à la rencontre des autres sans hésiter. N'ayez pas peur de faire autrement que les autres : c'est votre originalité qui vous démarquera de la foule.

FAQ

TRAVAILLER SON RÉSEAU NE REVIENT-IL PAS À « UTILISER » LES GENS QUI M'ENTOURENT ?

Le networking n'est efficace que si l'intérêt est réciproque. Vous pouvez bien sûr tenter de prendre le maximum sans jamais donner en retour, mais les autres membres de votre réseau s'en rendront très vite compte et n'auront plus la motivation de vous aider. Vous risquez alors de perdre la confiance des autres et de vous exclure vous-même de ce réseau de relations que vous avez construit.

PETIT PLUS

Attention, réciprocité ne veut pas dire retour immédiat sur investissement. Rendez service et soyez disponible afin de créer des liens relationnels forts. En étant un membre actif au sein d'un réseau, les autres membres penseront spontanément à vous lorsque l'occasion de vous recommander se présentera. Comme un agriculteur, semez avec générosité et vous récolterez le fruit de vos efforts en temps voulu.

OÙ ET QUAND FAIRE DU NETWORKING ?

Créer et élargir son réseau de relations peut se faire partout et à tout moment. Vous ne le savez peut-être pas, mais votre voisin pourrait connaître une personne d'influence dans votre secteur d'activité, ou votre coiffeur parlera peut-être de votre projet artistique à son beau-père qui est justement directeur d'une galerie d'art. Discutez avec les personnes qui vous entourent et faites confiance au pouvoir du bouche-à-oreille.

Au-delà de ces relations dues au hasard, il est également essentiel de rencontrer des personnes qui peuvent avoir une influence directe sur votre projet. Pour cela, il est indispensable de définir clairement vos objectifs. Vous êtes musicien et cherchez à vous faire connaître ? Fréquentez les lieux de concerts, jouez dans la rue et partagez vos vidéos sur votre chaîne Youtube. Vous fabriquez des bijoux et souhaitez les commercialiser ? Participez à un salon de l'artisanat et rejoignez des groupes Facebook dédiés à la mode. En bref, ciblez vos événements, vous y gagnerez en efficacité.

QUE FAIRE SI JE SUIS TIMIDE ?

Tout d'abord, sachez que la timidité est un phénomène normal. Dites-vous que lorsque vous vous rendez à un événement où vous ne connaissez personne, la plupart des autres convives sont dans la même situation que vous. Il est en effet tout naturel d'être intimidé lorsque vous êtes face à des personnes que vous ne connaissez pas. Saviez-vous par exemple que Napoléon et Jacques Brel étaient de grands timides ? Cela ne les a pourtant pas empêchés de réaliser de grandes choses.

La timidité n'est pas un défaut, elle fait au contraire partie de votre tempérament et de votre charme. Ne la laissez donc pas être un obstacle à vos envies et projets, ou vous faire manquer opportunités et rencontres enrichissantes. Souvenez-vous que personne n'est parfait et suivez ces quelques conseils lorsque vous entamez une discussion avec un inconnu :

- écoutez l'autre et rebondissez sur ce qu'il dit au lieu de penser à ce que vous pourriez dire ensuite ;
- posez des questions ouvertes pour susciter la discussion. Ne demandez pas « Avez-vous aimé la conférence ? » mais plutôt « Qu'avez-vous pensé de cette conférence ? » ;
- ne paniquez pas si un silence s'installe dans la conversation. Cela est tout à fait naturel et ne veut pas dire que vous êtes inintéressant ;
- regardez votre interlocuteur dans les yeux et souriez ;
- soyez vous-même, votre personnalité fera le reste ;
- si vous êtes vraiment très mal à l'aise, dites-le ! Vous vous sentirez beaucoup mieux et votre interlocuteur sera le premier à vous rassurer et vous mettre à l'aise ;
- venez avec un ami, mais ne restez pas collés l'un à l'autre, au risque de ne rencontrer personne.

COMMENT SE CRÉER UN RÉSEAU DE RELATIONS QUAND ON MANQUE DE TEMPS ?

N'oubliez pas que le networking est un style de vie qui se pratique partout et à toute heure. Une activité de networking peut très facilement s'intégrer dans votre emploi du temps. Par exemple, ne mangez jamais seul à midi. Profitez du repas pour le partager avec un collègue ou une personne extérieure à votre entreprise. Vous pouvez aussi très facilement élargir votre réseau de relations au quotidien : lorsque vous discutez avec d'autres parents à la sortie de l'école, à votre cours de gym, lors d'un repas de famille, à l'occasion d'une sortie entre amis, etc. N'oubliez pas que construire un réseau prend du temps et que les résultats ne sont pas immédiats.

« Finalement, se construire un réseau est quelque chose de lent. Un agriculteur sème pour ne récolter que 6 à 9 mois plus tard. Entre-temps, il aura investi du temps à l'entretien de son champ. Tout comme l'agriculteur, il faut savoir patienter avant que vos efforts de networking ne donnent des résultats. La raison est qu'il faut respecter le rythme des gens, créer des liens, les entretenir

COMMENT INTÉRESSER LES AUTRES QUAND ON N'A PAS BEAUCOUP DE CONVERSATION ?

L'art de l'écoute est plus important que l'art de la conversation. La personne qui écoute s'attirera plus facilement la sympathie de son interlocuteur que la personne qui se lance dans un monologue sans fin. Ne vous mettez donc pas trop de pression.

Intéressez-vous à l'autre et laissez-le vous parler de son entreprise, de ses clients ou de ses passions. Ensuite, repérez vos points communs et exploitez-les. Votre interlocuteur mentionne son match de tennis de la veille et vous jouez justement vous-même au tennis ? Dites-le-lui. Personne ne vous demande de parler de la situation géopolitique du Liban ou du processus de reproduction de la fourmi d'Argentine.

Faire connaissance avec une personne n'est pas l'occasion de montrer à quel point vous êtes intelligent. D'ailleurs, être intelligent et intéressant n'est pas du tout la même chose. Parlez avec enthousiasme des sujets qui vous passionnent et votre interlocuteur vous trouvera instantanément intéressant. Pour finir, si votre manque de conversation vous angoisse, préparez-vous à l'avance en vous informant sur le thème de la soirée, par exemple, et en repérant quelques anecdotes susceptibles d'intéresser n'importe qui : « Saviez-vous que cette exposition a été mise sur pied par Woody Allen ? » Bref, racontez des histoires, cela plaît toujours.

JE NE SAIS JAMAIS COMMENT ABORDER LES GENS. COMMENT FAIRE ?

Même si vous êtes à l'aise dans la discussion, il n'est pas toujours aisé d'aborder quelqu'un que vous ne connaissez pas.

- Commencez par vous rappeler que la plupart des participants sont, eux aussi, venus seuls et ne demandent qu'à discuter avec vous.
- Offrez l'opportunité aux autres de vous aborder en apportant avec vous un accessoire original : un badge avec votre nom en forme de gâteau si vous confectionnez des pâtisseries, un t-shirt original qui attirera les commentaires

des autres convives ou des boucles d'oreille de votre propre création.

- Autre élément important : mettez des habits qui vous mettent en valeur et dans lesquels vous vous sentez bien. Vous ferez bonne impression et vous aborderez plus facilement les autres si vous êtes à l'aise dans vos vêtements plutôt qu'instable sur des talons de dix centimètres de haut.

- Pour finir, profitez de l'événement et amusez-vous ! Vous passerez un bon moment et donnerez envie aux participants de venir vous parler. Car qui a envie de parler au grincheux qui sirote son verre tout seul dans un coin ?

À VOUS DE JOUER !

Il est temps, à présent, de vous lancer. Demain ? Non, aujourd'hui ! Rappelez-vous que la qualité essentielle qui fera de vous un bon networker, c'est votre motivation. Vous ne savez pas par où commencer ? Suivez pas à pas ces quelques exercices et lancez-vous dans l'aventure passionnante du networking.

VOS RELATIONS

Vous avez l'impression de partir de zéro et cela vous effraie ? Oubliez cette idée ! Sans le savoir, vous avez déjà pratiqué le networking et votre réseau de relations existe déjà. Comme tout le monde, vous connaissez un nombre invraisemblable de personnes. Il n'y a qu'à regarder votre nombre d'amis sur Facebook pour vous en convaincre. Et en interagissant avec ces personnes, vous avez déjà récolté les fruits du réseautage. Prenez une feuille de papier, un stylo et c'est parti :

- faites une liste de vingt personnes que vous connaissez et notez à côté de chaque nom le lien qui vous unit, ainsi que trois mots clés qui les caractérisent.
- Par exemple : Éric Leonard, collègue – comptable, tennis, théâtre ;
- notez trois services que vos relations vous ont un jour rendus.
- Par exemple : l'été passé, mon voisin m'a prêté le tracteur-tondeuse de son papa pour tondre ma pelouse ;
- notez trois services que vous avez vous-même un jour rendus à vos relations.
- Par exemple : lorsqu'elle a perdu son emploi, j'ai parlé de mon ancienne collègue Caroline à mon employeur et elle travaille à présent dans mon équipe.

Comme vous pouvez le remarquer, votre réseau compte déjà des relations intéressantes et vous avez déjà expérimenté le networking. Maintenant, il ne reste plus qu'à enrichir votre réseau et à l'entretenir de manière consciente.

VOTRE PROJET

Vous ne serez pas un bon networker si votre projet n'est pas clairement défini. Sans cela, vous risquez de multiplier les rencontres sans trop savoir pourquoi et de perdre votre crédibilité aux yeux des autres. Définissez votre projet en répondant à ces quelques questions :

- Quelles sont vos compétences ? Quelles sont les choses que vous savez et aimez faire ?
- Que souhaitez-vous faire ? Complétez cette phrase : dans un monde idéal, j'adorerais être/faire...
- Qu'est-ce qui vous en empêche ?
- Que pourriez-vous mettre en place pour réaliser votre projet ?
- Faites une liste de ce qui est primordial pour vous (salaire, lieu de travail, épanouissement, etc.).

L'*ELEVATOR PITCH*

Souvenez-vous de l'importance de l'*Elevator Pitch*, surtout si vous n'êtes pas à l'aise lorsque vous vous présentez à quelqu'un que vous ne connaissez pas. Celui-ci doit être court, surprenant et captivant, tout en indiquant qui vous êtes, ce que vous proposez, quelle est votre valeur ajoutée et comment cela peut profiter à l'autre.

- Écrivez votre pitch en maximum 10 lignes.
- Répétez-le devant trois personnes différentes (des amis, collègues ou membres de votre famille).
- Retravaillez-le en prenant en considération les remarques de vos proches.
- Répétez-le encore et encore, jusqu'à ce que vous soyez parfaitement à l'aise.

LE STORYTELLING

Comme précisé plus haut, raconter des histoires captivantes suscitera l'intérêt et l'écoute de vos interlocuteurs. Vous vous dites peut-être que vous n'avez jamais d'histoire à raconter ? C'est faux. Vous êtes simplement mal préparé.

Essayez de vous souvenir de trois histoires authentiques et passionnantes qui vous sont arrivées dans votre vie et entraînez-vous à les raconter. Ces histoires ne doivent pas forcément avoir un lien avec votre vie professionnelle.

LES RÉSEAUX SOCIAUX

Identifiez les réseaux sociaux les plus appropriés à votre projet et, si ce n'est déjà fait, inscrivez-vous. Ne négligez pas la création de votre profil et invitez des personnes à se connecter avec vous. Si vous êtes déjà inscrit, faites le grand nettoyage. Classez vos relations, complétez votre profil et publiez du contenu.

Votre avis nous intéresse !
Laissez un commentaire sur le site de votre
librairie en ligne et partagez vos coups de cœur sur
les réseaux sociaux !

POUR ALLER PLUS LOIN

SOURCES BIBLIOGRAPHIQUES

- COLMANT (Damien), « Le networking à la portée de tous ? », in *Horizons Saint-Michel n° 66*, septembre 2008, p. 11-13.

- MISNER (Ivan R.) et DONOVAN (Michelle R.), *Réussir grâce au bouche-à-oreille. 52 stratégies pour un networking performant*, Paris, Dunod, 2012.

- MYERS (Ford R.), « Networking – The Core of Your Search », in *Fletcher (Louise)*, Career Hub: Insider's Guide to Networking, 2007. http://careerhub.typepad.com/careerhub_guide_to_networking.pdf

- PRÉAUX (Céline), « Le networking pour les nuls : 10 astuces », in *References*, consulté le 7 mars 2015. http://www.references.be/carriere/evoluer/networking/Le-networking-pour-les-nuls-10-astuces

- « Qu'est-ce que le networking ? », in *Michael Page*, consulté le 7 mars 2015. http://www.michaelpage.fr/career-center/avantages-networking-recherche-emploi.html

- « Le réseautage », in *Connexion carriere*, consulté le 7 mars 2015.
  http://connexioncarriere.ca/vos-outils/reseautage

- « Le networking : un outil essentiel pour développer son business », in *Tactic web*, consulté le 7 mars 2015.
  http://tacticweb.fr/27-03-2013/non-classe/
  le-networking-un-outil-pour-le-business/
  article2867

- ZACK (Devora) et SULLIVAN (Jeremy), *Cultiver son réseau quand on déteste réseauter*, Issy-les-Moulineaux, ESF Éditeur, 2011.

SOURCES COMPLÉMENTAIRES

- BALAGUÉ (Christine) et FAYON (David), *Réseaux sociaux et entreprise : les bonnes pratiques. Facebook, Twitter, Google +, LinkedIn, YouTube…*, Montreuil, Pearson, 2012.

- BOMMELAER (Hervé), *Booster sa carrière grâce au réseau*, Paris, Eyrolles, 2012.

- KAWASAKI (Guy) et FITZPATRICK (Peg), *L'art des médias sociaux. Stratégies gagnantes pour un usage professionnel*, Strasbourg, Diateino, 2015.

ISBN ebook : 978-2-8062-6393-3
ISBN papier : 978-2-8062-6394-0
Dépôt légal : D/2015/12603/170
Photo de couverture :
© Production Perig – Fotolia.com

Conception numérique : Primento,
le partenaire numérique des éditeurs